Üben ➊ Spure die Zahlen nach und schreibe dahinter.

0 ....

1 ....

2 ....

3 ....

4 ....

5 ....

6 ....

7 ....

8 ....

9 ....

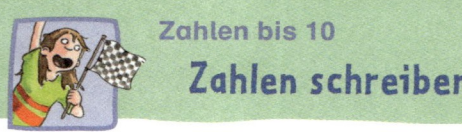
Lösung❶ Für jede richtig geschriebene Zahl gibt es
1 Punkt.

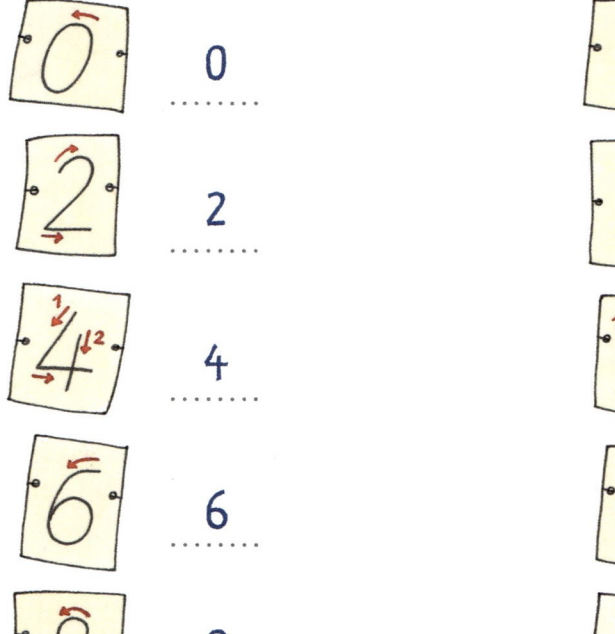

0 ....

1 ....

2 ....

3 ....

4 ....

5 ....

6 ....

7 ....

8 ....

9 ....

Üben❶ ▢ **Punkte**

Üben ❷ Zähle und schreibe.

3

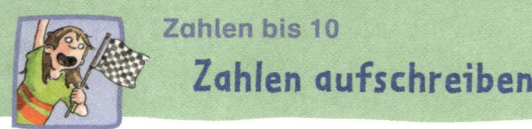

Lösung ❷ Für jede richtige Zahl gibt es 1 Punkt.

3

5

8

6

9

4

Üben ③ Male die Ostereier an:

3 Ostereier grün.

4 Ostereier gelb.

5 Ostereier rot.

2 Ostereier blau.

Wie viele Ostereier bleiben weiß? ....

Zahlen bis 10
Richtig zählen

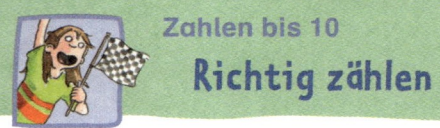
Lösung ❸ Für jede richtige Aufgabe gibt es 1 Punkt.

3 Ostereier grün.

4 Ostereier gelb.

5 Ostereier rot.

2 Ostereier blau.

Wie viele Ostereier bleiben weiß?   2

Üben ❸ 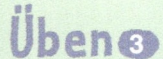 Punkte

Üben ❹ Ergänze und male.

2	II	●●
7		
5		
1		
10		
0		
4		
8		

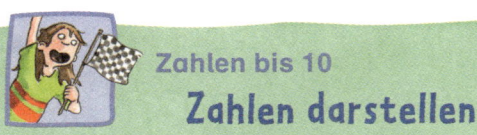

Zahlen bis 10
Zahlen darstellen

Lösung 4 Für jede richtige Aufgabe gibt es 1 Punkt.

2	‖	● ●
7	卌 ‖	● ● ● ● ● ● ●
5	卌	● ● ● ● ●
1	❘	●
10	卌 卌	● ● ● ● ● ● ● ● ● ●
0		
4	‖‖	● ● ● ●
8	卌 ‖❘	● ● ● ● ● ● ● ●

TIPP

Mache nach 4 Strichen einen Querstrich: 卌

Üben 4 ☐ **Punkte**

Üben ❺ Zähle und schreibe die Zahlen.

Setze ein: <, = oder >.

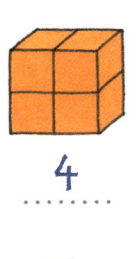

4

<

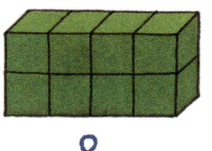

8

....

....

....

....

....

....

Lösung ⑤ Für jede richtige Aufgabe gibt es 1 Punkt.

4

 <

8

7

6

> 6

6

 =

6

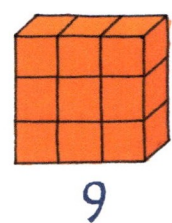

9

 <

10

Üben ⑤ ☐ **Punkte**

Üben ⑥ Male an und setze ein: <, = oder >.

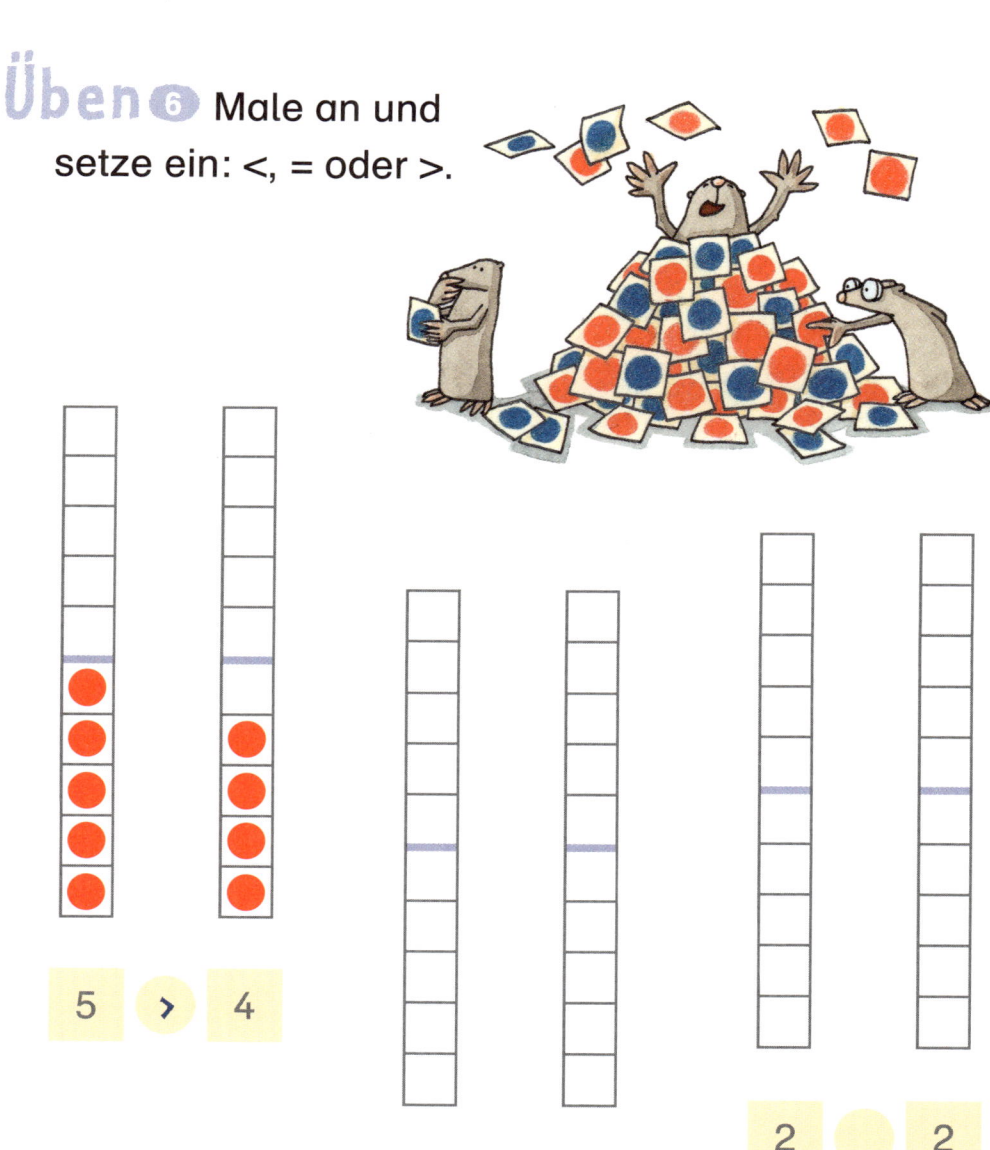

5 **>** 4

7 ⬤ 9

2 ⬤ 2

Lösung **6** Für jede richtige Aufgabe gibt es 1 Punkt.

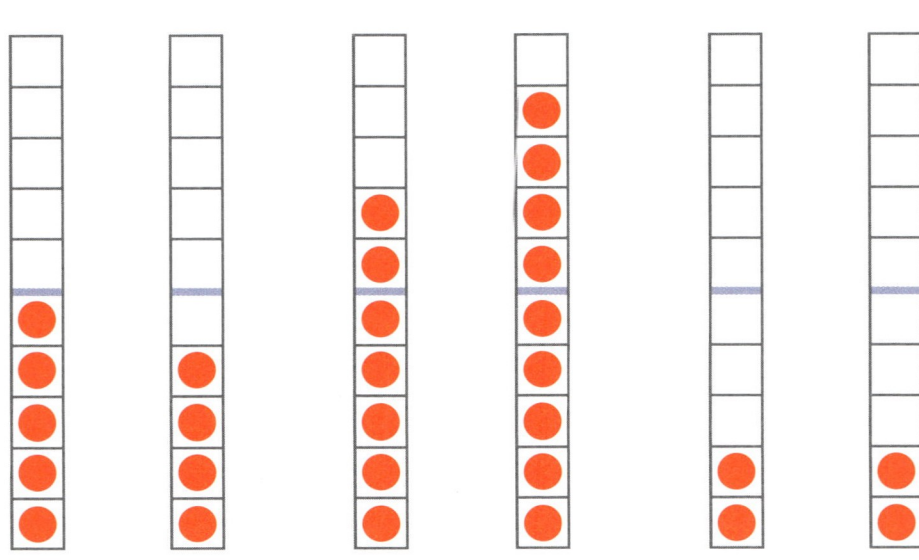

5 4   7 9   2 2

TIPP

So liest du die Zeichen:

< ist kleiner als, = ist gleich, > ist größer als

Üben **6** ____ Punkte

Üben  Finde alle Zerlegungen.

$3 + \underline{0} = 3$

$2 + \underline{} = 3$

$\underline{} + \underline{} = 3$

$\underline{} + \underline{} = 3$

$6 + \underline{0} = 6$

$\underline{} + \underline{} = 6$

$\underline{} + \underline{} = 6$

$\underline{} + \underline{} = 6$

$\underline{} + \underline{} = 6$

$\underline{} + \underline{} = 6$

$\underline{} + \underline{} = 6$

Lösung 7 Für jede richtige Aufgabe gibt es 1 Punkt.

$3 + 0 = 3$

$2 + 1 = 3$

$1 + 2 = 3$

$0 + 3 = 3$

$6 + 0 = 6$

$0 + 6 = 6$

$5 + 1 = 6$

$1 + 5 = 6$

$4 + 2 = 6$

$2 + 4 = 6$

$3 + 3 = 6$

Üben 7 ☐ Punkte

Üben ❽ Zähle rückwärts von 20 bis 1 und schreibe auf.

20			
	15		
		10	
		2	

Rückwärts zählen

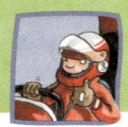

Lösung 8 Für jede richtige Zahl gibt es 1 Punkt.

20	19	18	17
16	15	14	13
12	11	10	9
8	7	6	5
4	3	2	1

Üben 8 ☐ **Punkte**

Üben ⑨ Zähle und schreibe.

12

Zahlen bis 20
Zahlen aufschreiben

Lösung 9 Für jede richtige Zahl gibt es 1 Punkt.

12

14

20

15

15

17

TIPP

Denke an die Schreibrichtung bei den Ziffern 0 bis 9. Du kannst bei Übung 1 nachschauen.

Üben 9 ☐ **Punkte**

Üben  ⑩ Ergänze und male.

13	╫╫ ╫╫ |||

17	

19	

15	

18	

11	

Lösung 10 Für jede richtige Aufgabe gibt es 1 Punkt.

13 | ЖЖ III

17 | ЖЖ ЖЖ ЖЖ II

19 | ЖЖ ЖЖ ЖЖ IIII

15 | ЖЖ ЖЖ ЖЖ

18 | ЖЖ ЖЖ ЖЖ III

11 | ЖЖ ЖЖ I

Üben 10 ☐ Punkte

Üben ⑪ Setze ein: <, = oder >.

8   <   13

11 ◯ 13   17 ◯ 15   14 ◯ 14

19 ◯ 9   12 ◯ 20   20 ◯ 0

Zahlen bis 20
Zahlen vergleichen

Lösung 11 Für jedes richtige Zeichen gibt es 1 Punkt.

| 8 | < | 13 |

| 16 | > | 9 |

| 11 | < | 13 | | 17 | > | 15 | | 14 | = | 14 |

| 19 | > | 9 | | 12 | < | 20 | | 20 | > | 0 |

Üben 11 ☐ **Punkte**

Üben 12 Fülle die Häuser aus.

Lösung 12 Für jedes richtige Haus gibt es 2 Punkte.

Üben ⑬ Schreibe die Plusaufgabe und rechne.

....3.... + ...2.... = ...5....   .... + ... = ...

.... + ... = ... + ... = ...

.... + ... = ... + ... = ...

.... + ... = ... + ... = ...

Lösung⑬ Für jede richtige Aufgabe gibt es 1 Punkt.

3 + 2 = 5

5 + 2 = 7

2 + 1 = 3

6 + 3 = 9

4 + 5 = 9

3 + 4 = 7

4 + 2 = 6

6 + 1 = 7

Üben⑬ ☐ Punkte

Üben 14 Schreibe die Zerlegungen als Plusaufgaben und ergänze das Rechenrad.

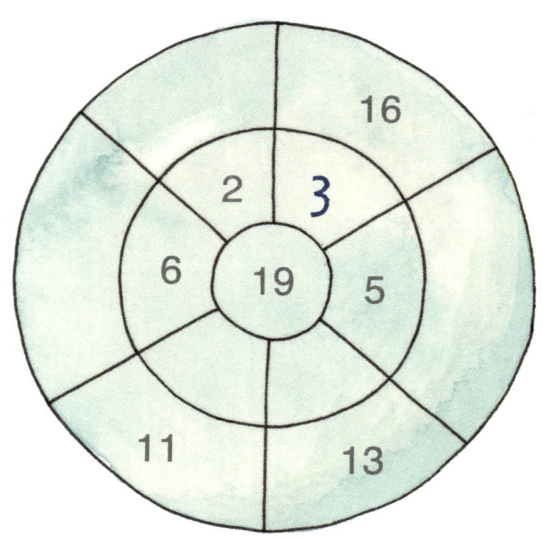

16 + _3_ = 19

......+ 5 = 19

13 +...... = 19

11 +...... = 19

......+ 6 = 19

......+ 2 = 19

Lösung 14 Für jede richtige Zahl gibt es 1 Punkt.

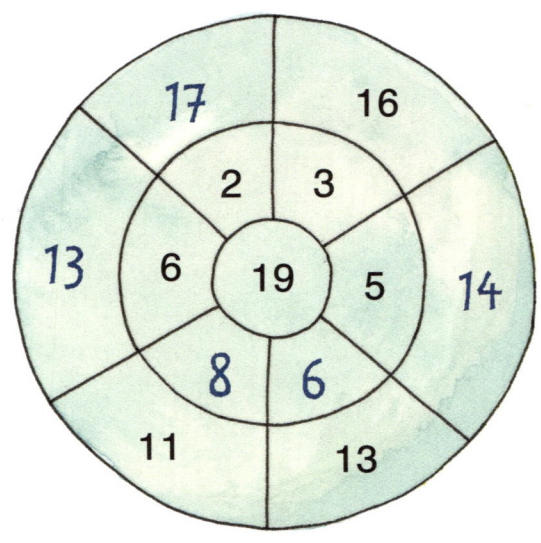

16 + 3 = 19

14 + 5 = 19

13 + 6 = 19

11 + 8 = 19

13 + 6 = 19

17 + 2 = 19

Üben 15 Rechne und ergänze die Tabelle.

+	0	3	2	4	1
10	10				
12					
13					
16					
11					
15					
14					

Lösung⑮ Für jede richtige Zeile gibt es 2 Punkte.

+	0	3	2	4	1
10	10	13	12	14	11
12	12	15	14	16	13
13	13	16	15	17	14
16	16	19	18	20	17
11	11	14	13	15	12
15	15	18	17	19	16
14	14	17	16	18	15

Üben ⑯ Was gehört zusammen? Verbinde und rechne.

6 + 2 = **8** ……….

4 + 3 = ………

1 + 8 = ………

4 + 5 = ………

2 + 7 = ………

11 + 8 = ………

12 + 7 = ………

16 + 2 = **18** …

14 + 5 = ………

14 + 3 = ………

Zahlen addieren

Mit Analogieaufgaben rechnen

Lösung 16 Für jedes richtige Aufgabenpaar gibt es 1 Punkt.

$$6 + 2 = 8 \qquad 11 + 8 = 19$$
$$4 + 3 = 7 \qquad 12 + 7 = 19$$
$$1 + 8 = 9 \qquad 16 + 2 = 18$$
$$4 + 5 = 9 \qquad 14 + 5 = 19$$
$$2 + 7 = 9 \qquad 14 + 3 = 17$$

TIPP

Das sind Analogieaufgaben:

$$13 + 4 = \qquad 3 + 4 =$$

Rechne zuerst die leichte Aufgabe:

$$3 + 4 = 7 \qquad 13 + 4 = 17$$

Üben 17 Rechne.

6 + 5 = *11*	5 + 8 = ...
7 + 8 = ...	7 + 9 = ...
9 + 6 = ...	8 + 8 = ...
8 + 5 = ...	9 + 3 = ...
5 + 7 = ...	5 + 9 = ...
9 + 9 = ...	4 + 8 = ...
4 + 9 = ...	3 + 8 = ...
6 + 6 = ...	8 + 9 = ...
9 + 2 = ...	7 + 7 = ...

Zahlen addieren

Zahlen addieren mit Zehnerübergang

Lösung⑰ Für jede richtige Aufgabe gibt es 1 Punkt.

6 + 5 = 11   5 + 8 = 13

7 + 8 = 15   7 + 9 = 16

9 + 6 = 15   8 + 8 = 16

8 + 5 = 13   9 + 3 = 12

5 + 7 = 12   5 + 9 = 14

9 + 9 = 18   4 + 8 = 12

4 + 9 = 13   3 + 8 = 11

6 + 6 = 12   8 + 9 = 17

9 + 2 = 11   7 + 7 = 14

TIPP

Du kannst die Aufgabe vor dem Rechnen legen.

6 + 5 =   6 + 5 = 11

Üben⑰   Punkte

Üben Schreibe immer 2 Plusaufgaben. Rechne.

7 5   4 8

$$7 + 5 = 12$$
$$5 + 7 = 12$$

...... + ... = ...
...... + ... = ...

6 9   2 9

...... + ... = ... + ... = ...

...... + ... = ... + ... = ...

6 8   9 7

...... + ... = ... + ... = ...

...... + ... = ... + ... = ...

Zahlen addieren
Mit Tauschaufgaben rechnen

Lösung ⑱ Für jedes richtige Aufgabenpaar gibt es
1 Punkt.

$7 + 5 = 12$ $4 + 8 = 12$
$5 + 7 = 12$ $8 + 4 = 12$

$9 + 6 = 15$ $9 + 2 = 11$
$6 + 9 = 15$ $2 + 9 = 11$

$6 + 8 = 14$ $9 + 7 = 16$
$8 + 6 = 14$ $7 + 9 = 16$

TIPP

$5 + 7 =$ $7 + 5 =$

Tauschaufgaben haben dasselbe Ergebnis.
Rechne zuerst mit der größten Zahl:
$7 + 5 = 12$

Üben ⑱ [ ] Punkte

Üben ⑲ Spiegele, schreibe die Aufgabe und rechne.

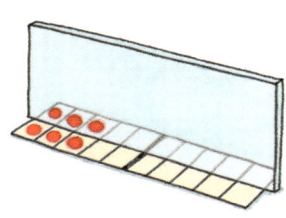

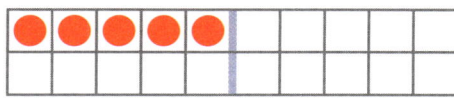

.... + ... = ...

.3. + .3. = .6.

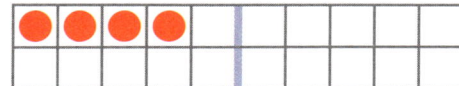

.... + ... = ...

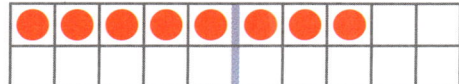

.... + ... = ...

.... + ... = ...

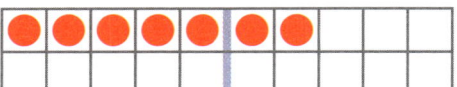

.... + ... = ...

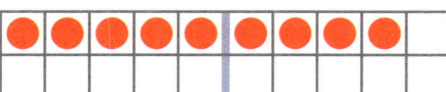

.... + ... = ...

.... + ... = ...

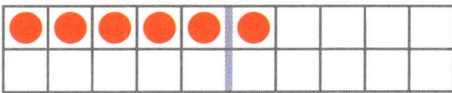

.... + ... = ...

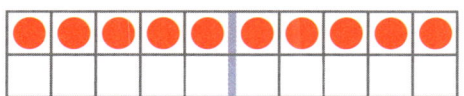

.... + ... = ...

Zahlen addieren
Durch Verdoppeln rechnen

Lösung⑲ Für jede richtige Aufgabe gibt es 1 Punkt.

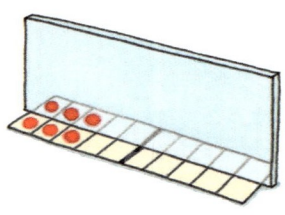

3 + 3 = 6

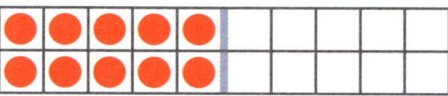

5 + 5 = 10

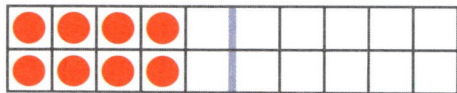

4 + 4 = 8

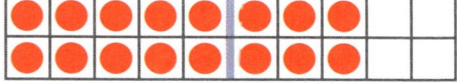

8 + 8 = 16

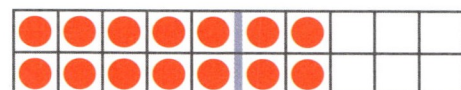

7 + 7 = 14

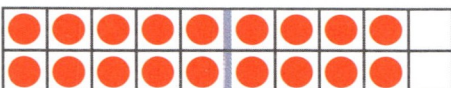

9 + 9 = 18

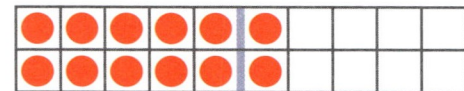

6 + 6 = 12

10 + 10 = 20

Üben⑲ ☐ Punkte

Üben ⑳ Schreibe den Vorgänger und den Nachfolger in die Felder.

Vor-gänger

Nach-folger

Vorgänger		Nachfolger
18	19	**20**
	3	
	7	
10	11	
	9	
	6	
	12	
	5	
	1	
	18	

Lösung ⑳ Für jede richtige Zeile gibt es 1 Punkt.

Vor-gänger

Nach-folger

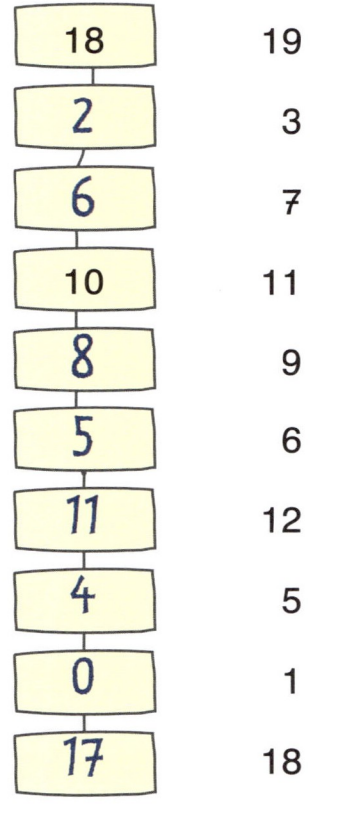

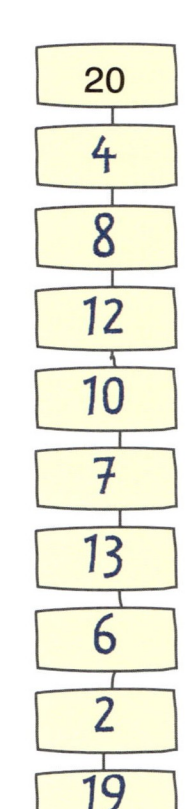

Vorgänger		Nachfolger
18	19	20
2	3	4
6	7	8
10	11	12
8	9	10
5	6	7
11	12	13
4	5	6
0	1	2
17	18	19

Üben ⑳ ☐ Punkte

Üben 21 Schreibe alle passenden Aufgaben. Rechne.

$7 + 2 = 9$

---------------- ⬅ $8 + 2 = 10$ ➡ ----------------

$9 + 2 = 11$

$8 + 1 = 9$

$8 + 3 = 11$

---------------- ⬅ $6 + 8 = ...$ ➡ ----------------

---------------- ⬅ $15 + 5 = ...$ ➡ ----------------

Lösung㉑ Für jede richtige Aufgabe gibt es 1 Punkt.

$7 + 2 = 9$

$9 + 2 = 11$

$8 + 2 = 10$

$8 + 1 = 9$

$8 + 3 = 11$

$5 + 8 = 13$

$7 + 8 = 15$

$6 + 8 = 14$

$6 + 7 = 13$

$6 + 9 = 15$

$14 + 5 = 19$

$16 + 5 = 21$

$15 + 5 = 20$

$15 + 4 = 19$

$15 + 6 = 21$

Üben ㉒ Wie geht es weiter? Schreibe und rechne.

$8 + 3 = \underline{11}$

$8 + 4 = \dots$

$8 + \dots = \dots$

$\dots + \dots = \dots$

$\dots + \dots = \dots$

$\dots + \dots = \dots$

$2 + 5 = \dots$

$3 + 6 = \dots$

$4 + \dots = \dots$

$\dots + \dots = \dots$

$\dots + \dots = \dots$

$\dots + \dots = \dots$

$6 + 11 = \dots$

$7 + 10 = \dots$

$8 + \dots = \dots$

$\dots + \dots = \dots$

$\dots + \dots = \dots$

$13 + 7 = \dots$

$12 + 8 = \dots$

$11 + \dots = \dots$

$\dots + \dots = \dots$

$\dots + \dots = \dots$

Zahlen addieren

Rechenmuster erkennen

Lösung 22 Für jedes richtige Aufgabenpäckchen gibt
es 3 Punkte.

8 + 3 = 11	2 + 5 = 7
8 + 4 = 12	3 + 6 = 9
8 + 5 = 13	4 + 7 = 11
8 + 6 = 14	5 + 8 = 13
8 + 7 = 15	6 + 9 = 15
8 + 8 = 16	7 + 10 = 17
6 + 11 = 17	13 + 7 = 20
7 + 10 = 17	12 + 8 = 20
8 + 9 = 17	11 + 9 = 20
9 + 8 = 17	10 + 10 = 20
10 + 7 = 17	9 + 11 = 20

Üben ㉓ Finde heraus, welches Bild für welche Zahl steht, und löse alle Aufgaben.

 + 7 = 10    = ...3...

 + 1 = 8    = ...

 + 3 = 7    = ...

 +11 = 19    = ...

 + 5 = 10    = ...

 +  = ...

 +  = ...

 +  = ...

 +  = ...

 +  = ...

Zahlen addieren
Bilderrätsel

Lösung㉓ Für jede richtige Zahl gibt es 1 Punkt.

+ 7 = 10   = 3

+ 1 = 8   = 7

+ 3 = 7   = 4

+ 11 = 19   = 8

+ 5 = 10   = 5

+ = 8

+ = 11

+ = 16

+ = 12

+ = 12

Üben 24 Rechne mithilfe des Rechenstreifens.

$1 + 1 + 2 + 5 + 3 =$ _12_

$2 + 1 + 2 + 3 + 3 =$ ....

$6 + 1 + 2 + 4 + 6 =$ ....

$2 + 3 + 5 + 7 + 3 =$ ....

$11 + 3 + 1 + 4 + 1 =$ ....

Zahlen addieren
Kettenaufgaben

Lösung 24 Für jede richtige Aufgabe gibt es 1 Punkt.

$1 + 1 + 2 + 5 + 3 =$ 12

$2 + 1 + 2 + 3 + 3 =$ 11

$6 + 1 + 2 + 4 + 6 =$ 19

$2 + 3 + 5 + 7 + 3 =$ 20

$11 + 3 + 1 + 4 + 1 =$ 20

Üben 25

Wie viele Plusaufgaben schaffst du in 3 Minuten? Rechne.

6 + 3 = ..9..   12 + 4 = ...   18 + 1 = ...

6 + 6 = ...   13 + 5 = ...   15 + 5 = ...

1 + 9 = ...   8 + 6 = ...   5 + 5 = ...

5 + 4 = ...   7 + 9 = ...   8 + 0 = ...

7 + 8 = ...   11 + 8 = ...   13 + 7 = ...

3 + 4 = ...   6 + 13 = ...   16 + 3 = ...

2 + 7 = ...   8 + 8 = ...   9 + 9 = ...

4 + 9 = ...   4 + 12 = ...   2 + 14 = ...

3 + 8 = ...   3 + 15 = ...   6 + 11 = ...

5 + 7 = ...   17 + 2 = ...   10 + 10 = ...

Zahlen addieren
Schnell rechnen

Lösung㉕ Für jede richtige Aufgabe gibt es 1 Punkt.

6 + 3 = 9	12 + 4 = 16	18 + 1 = 19
6 + 6 = 12	13 + 5 = 18	15 + 5 = 20
1 + 9 = 10	8 + 6 = 14	5 + 5 = 10
5 + 4 = 9	7 + 9 = 16	8 + 0 = 8
7 + 8 = 15	11 + 8 = 19	13 + 7 = 20
3 + 4 = 7	6 + 13 = 19	16 + 3 = 19
2 + 7 = 9	8 + 8 = 16	9 + 9 = 18
4 + 9 = 13	4 + 12 = 16	2 + 14 = 16
3 + 8 = 11	3 + 15 = 18	6 + 11 = 17
5 + 7 = 12	17 + 2 = 19	10 + 10 = 20

Üben 26 Lies, schreibe die Plusaufgabe und rechne.

Paula kauft 2 Päckchen. Wie viele Stifte hat sie?

$$5 + 5 = 10$$

Nic stellt noch 3 Autos dazu. Wie viele Autos sind es dann?

.... + ... = ...

Ins Tierheim kommen noch 3 Katzen. Wie viele sind es dann?

.... + ... = ...

Max will doppelt so viele Bälle haben. Wie viele hat er dann?

.... + ... = ...

Zahlen addieren
Rechengeschichten

Lösung㉖ Für jede richtige Aufgabe gibt es 1 Punkt.

Paula kauft 2 Päckchen.
Wie viele Stifte hat sie?
5 + 5 = 10

Nic stellt noch 3 Autos dazu.
Wie viele Autos sind es dann?
6 + 3 = 9

Ins Tierheim kommen noch 3 Katzen.
Wie viele sind es dann?
8 + 3 = 11

Max will doppelt so viele Bälle haben.
Wie viele hat er dann?
6 + 6 = 12

Üben ㉗ Schreibe die Minusaufgabe und rechne.

$$8 - 3 = 5$$

.... – .... = ...

.... – .... = ...

.... – .... = ...

.... – .... = ...

.... – .... = ...

.... – .... = ...

.... – .... = ...

.... – .... = ...

.... – .... = ...

.... – .... = ...

.... – .... = ...

.... – .... = ...

Lösung **27** Für jede richtige Aufgabe gibt es 1 Punkt.

8 − 3 = 5

7 − 5 = 2

9 − 6 = 3

9 − 4 = 5

10 − 8 = 2

5 − 1 = 4

8 − 7 = 1

10 − 5 = 5

8 − 0 = 8

6 − 3 = 3

Üben **27** ☐ Punkte

Üben 28 Rechne und male an.

11 – 0 = ...

18 – 3 = ...

20 – 7 = ...

14 – 1 = 13

17 – 4 = ...

| 15 | 11 | 13 |

19 – 6 = ...

20 – 5 = ...

19 – 4 = ...

16 – 5 = ...

14 – 3 = ...

Zahlen subtrahieren

Zahlen bis 20 subtrahieren

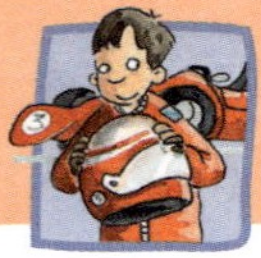

Zahlen bis 20 subtrahieren

Lösung 28 Für jede richtige Aufgabe gibt es 1 Punkt.

11 − 0 = 11

18 − 3 = 15

20 − 7 = 13

14 − 1 = 13

17 − 4 = 13

15	11	13

19 − 6 = 13

20 − 5 = 15

19 − 4 = 15

16 − 5 = 11

14 − 3 = 11

Üben 28 ☐ **Punkte**

Üben 29

Schreibe und rechne zuerst die leichte Aufgabe.

$5 - 3 = 2$ $15 - 3 = 12$

.... $-$ .... $=$ .... $16 - 4 =$ ....

.... $-$ .... $=$ .... $19 - 6 =$ ....

.... $-$ .... $=$ .... $15 - 2 =$ ....

.... $-$ .... $=$ .... $17 - 4 =$ ....

.... $-$ .... $=$ .... $18 - 6 =$ ....

.... $-$ .... $=$ .... $16 - 3 =$ ....

.... $-$ .... $=$ .... $14 - 2 =$ ....

.... $-$ .... $=$ .... $13 - 1 =$ ....

Zahlen subtrahieren
Mit Analogieaufgaben rechnen

Lösung㉙ Für jedes richtige Aufgabenpaar gibt es
1 Punkt.

5 – 3 = 2	15 – 3 = 12
6 – 4 = 2	16 – 4 = 12
9 – 6 = 3	19 – 6 = 13
5 – 2 = 3	15 – 2 = 13
7 – 4 = 3	17 – 4 = 13
8 – 6 = 2	18 – 6 = 12
6 – 3 = 3	16 – 3 = 13
4 – 2 = 2	14 – 2 = 12
3 – 1 = 2	13 – 1 = 12

TIPP

Das sind Analogieaufgaben:

15 – 3 =   5 – 3 =

Rechne zuerst die leichte Aufgabe:

5 – 3 = 2   15 – 3 = 12

Üben ㉚ Rechne in einem Schritt und schrittweise.

16 − 7 = ... ➡ 16 − 6 − 1 = ...

15 − 9 = ... ➡ 15 − 5 − .... = ...

13 − 6 = ... ➡ 13 − .... − .... = ...

11 − 5 = ... ➡ 11 − .... − .... = ...

12 − 8 = ... ➡ 12 − .... − .... = ...

14 − 7 = ... ➡ 14 − .... − .... = ...

18 − 9 = ... ➡ 18 − .... − .... = ...

17 − 8 = ... ➡ 17 − .... − .... = ...

11 − 6 = ... ➡ 11 − .... − .... = ...

12 − 5 = ... ➡ 12 − .... − .... = ...

Zahlen subtrahieren
Subtrahieren in Teilschritten

Lösung ③ Für jede richtige Zeile gibt es 1 Punkt.

$16 - 7 = 9 \Rightarrow 16 - 6 - 1 = 9$

$15 - 9 = 6 \Rightarrow 15 - 5 - 4 = 6$

$13 - 6 = 7 \Rightarrow 13 - 3 - 3 = 7$

$11 - 5 = 6 \Rightarrow 11 - 1 - 4 = 6$

$12 - 8 = 4 \Rightarrow 12 - 2 - 6 = 4$

$14 - 7 = 7 \Rightarrow 14 - 4 - 3 = 7$

$18 - 9 = 9 \Rightarrow 18 - 8 - 1 = 9$

$17 - 8 = 9 \Rightarrow 17 - 7 - 1 = 9$

$11 - 6 = 5 \Rightarrow 11 - 1 - 5 = 5$

$12 - 5 = 7 \Rightarrow 12 - 2 - 3 = 7$

Üben ③ ☐ **Punkte**

Üben ㉛ Rechne und ergänze die Tabelle.

−	4	6	10	5	9
11	7				
17					
15					
13					
19					
10					
12					
14					
16					

Lösung③① Für jede richtige Zeile gibt es 2 Punkte.

−	4	6	10	5	9
11	7	5	1	6	2
17	13	11	7	12	8
15	11	9	5	10	6
13	9	7	3	8	4
19	15	13	9	14	10
10	6	4	0	5	1
12	8	6	2	7	3
14	10	8	4	9	5
16	12	10	6	11	7

Üben ③② Rechne und male aus.

$20 - \underline{\ 7\ } = 13$ $19 - 10 = \dots$

$17 - \dots = 9$ $12 - 11 = \dots$

$11 - \dots = 6$ $13 - 11 = \dots$

$16 - \dots = 10$ $18 - 15 = \dots$

$15 - \dots = 11$ $14 - 4 = \dots$

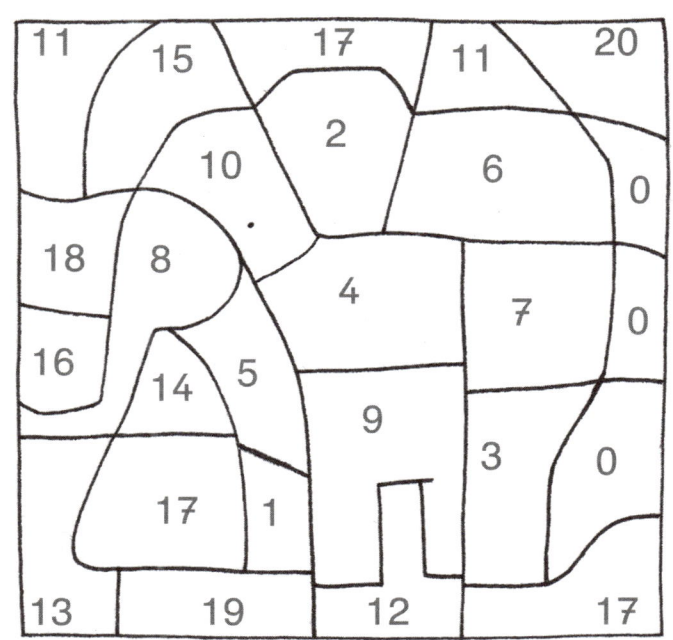

Lösung 32 Für jede richtige Zahl gibt es 1 Punkt.

$20 - 7 = 13$ $19 - 10 = 9$

$17 - 8 = 9$ $12 - 11 = 1$

$11 - 5 = 6$ $13 - 11 = 2$

$16 - 6 = 10$ $18 - 15 = 3$

$15 - 4 = 11$ $14 - 4 = 10$

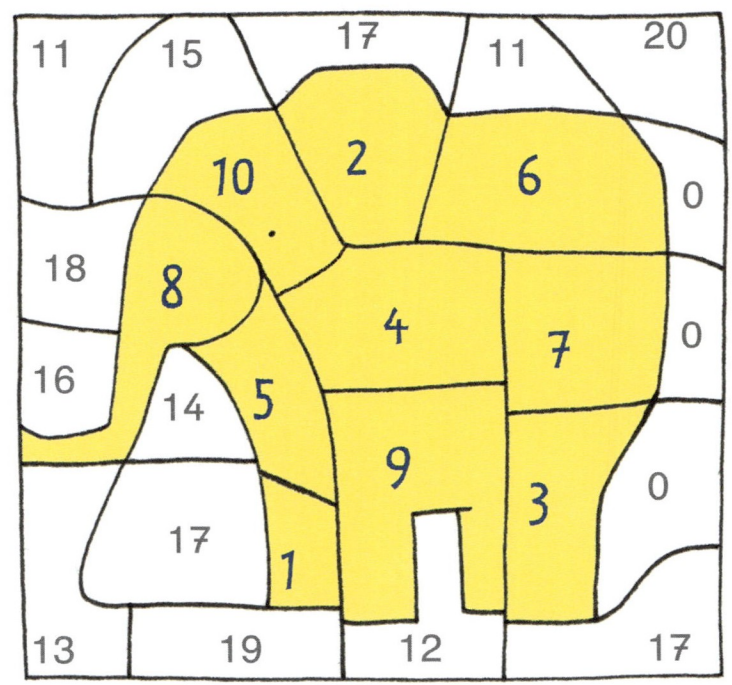

Üben ③③ Schreibe alle Nachbaraufgaben. Rechne.

$10 - 4 = \ldots$

$11 - \underline{3} = 8$ **$11 - 4 = 7$** $11 - 5 = \ldots$

$12 - \underline{4} = 8$

$\ldots - 5 = \ldots$

$19 - \ldots = \ldots$ **$19 - 5 = \ldots$** $19 - \ldots = \ldots$

$\ldots - 5 = \ldots$

Lösung 33 Für jede richtige Aufgabe gibt es 1 Punkt.

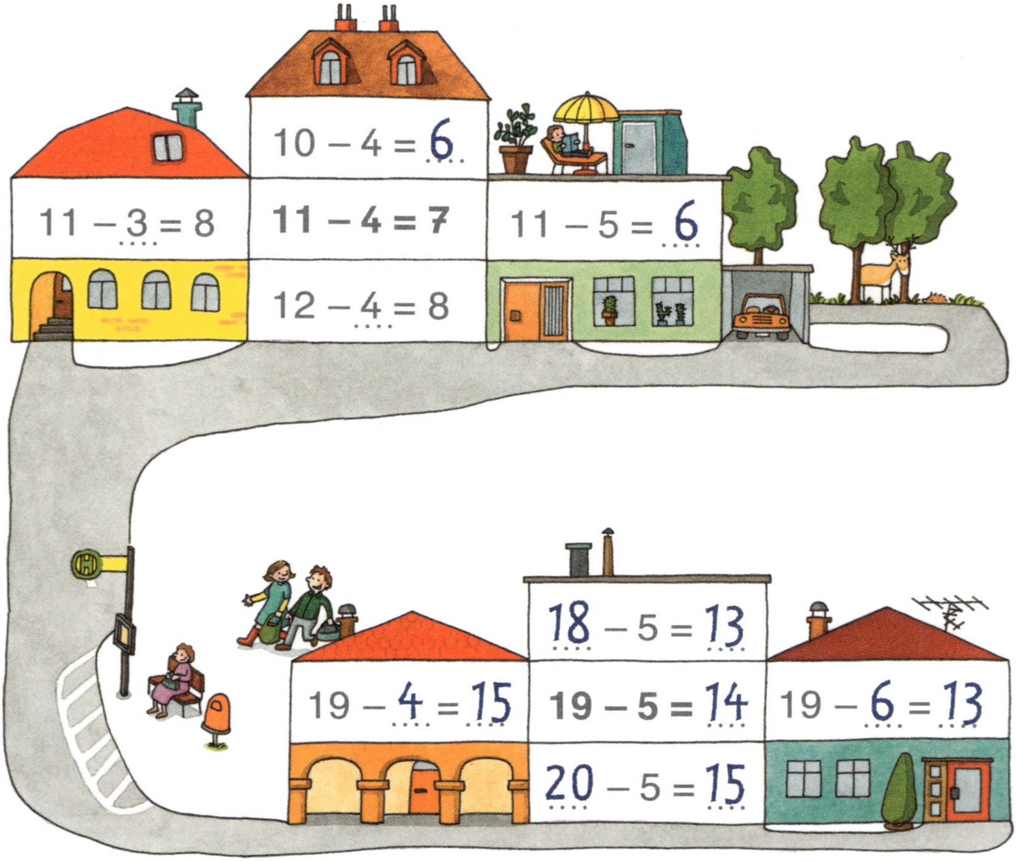

$10 - 4 = 6$

$11 - 3 = 8$ $11 - 4 = 7$ $11 - 5 = 6$

$12 - 4 = 8$

$18 - 5 = 13$

$19 - 4 = 15$ $19 - 5 = 14$ $19 - 6 = 13$

$20 - 5 = 15$

Üben ㉞ Wie geht es weiter? Schreibe und rechne.

Blue box:
17 – 6 = ...

17 – 5 = ...

17 – 4 = ...

17 – ...... = ...

...... – ...... = ...

...... – ...... = ...

Yellow box:
18 – 6 = ...

17 – 5 = ...

16 – ...... = ...

...... – ...... = ...

...... – ...... = ...

...... – ...... = ...

Pink box:
12 – 3 = ...

12 – 4 = ...

12 – ...... = ...

...... – ...... = ...

...... – ...... = ...

Green box:
15 – 7 = ...

15 – 8 = ...

...... – 9 = ...

...... – ...... = ...

...... – ...... = ...

Zahlen subtrahieren

Rechenmuster erkennen

Lösung 34 Für jedes richtige Aufgabenpäckchen gibt es 3 Punkte.

$17 - 6 = 11$

$17 - 5 = 12$

$17 - 4 = 13$

$17 - 3 = 14$

$17 - 2 = 15$

$17 - 1 = 16$

$18 - 6 = 12$

$17 - 5 = 12$

$16 - 4 = 12$

$15 - 3 = 12$

$14 - 2 = 12$

$13 - 1 = 12$

$12 - 3 = 9$

$12 - 4 = 8$

$12 - 5 = 7$

$12 - 6 = 6$

$12 - 7 = 5$

$15 - 7 = 8$

$15 - 8 = 7$

$15 - 9 = 6$

$15 - 10 = 5$

$15 - 11 = 4$

Üben 34 ☐ Punkte

Üben 35 Wie viele Minusaufgaben schaffst du in 3 Minuten? Rechne.

5 − 2 = ..3..   20 − 9 = ...   17 − 6 = ...

7 − 3 = ...   12 − 6 = ...   15 − 2 = ...

11 − 4 = ...   15 − 8 = ...   16 − 9 = ...

16 − 8 = ...   14 − 9 = ...   18 − 9 = ...

13 − 5 = ...   7 − 5 = ...   9 − 7 = ...

6 − 2 = ...   13 − 6 = ...   8 − 3 = ...

9 − 0 = ...   12 − 0 = ...   14 − 6 = ...

18 − 6 = ...   6 − 6 = ...   17 − 2 = ...

13 − 7 = ...   16 − 6 = ...   13 − 9 = ...

8 − 4 = ...   4 − 3 = ...   15 − 6 = ...

Zahlen subtrahieren

Schnell rechnen

Lösung 35 Für jede richtige Zahl gibt es 1 Punkt.

$5 - 2 = 3$	$20 - 9 = 11$	$17 - 6 = 11$
$7 - 3 = 4$	$12 - 6 = 6$	$15 - 2 = 13$
$11 - 4 = 7$	$15 - 8 = 7$	$16 - 9 = 7$
$16 - 8 = 8$	$14 - 9 = 5$	$18 - 9 = 9$
$13 - 5 = 8$	$7 - 5 = 2$	$9 - 7 = 2$
$6 - 2 = 4$	$13 - 6 = 7$	$8 - 3 = 5$
$9 - 0 = 9$	$12 - 0 = 12$	$14 - 6 = 8$
$18 - 6 = 12$	$6 - 6 = 0$	$17 - 2 = 15$
$13 - 7 = 6$	$16 - 6 = 10$	$13 - 9 = 4$
$8 - 4 = 4$	$4 - 3 = 1$	$15 - 6 = 9$

Üben 35 ☐ Punkte

Üben 36 Lies, schreibe die Minusaufgabe und rechne.

3 Kinder stehen auf.
Wie viele bleiben
sitzen?

$$8 - 3 = 5$$

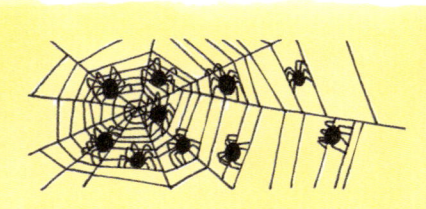

4 Spinnen krabbeln
weg. Wie viele sind
noch da?

$$\underline{\quad} - \underline{\quad} = \underline{\quad}$$

Leo verliert einen
Schuh. Wie viele sind
es noch?

$$\underline{\quad} - \underline{\quad} = \underline{\quad}$$

Tim nimmt 5 Bonbons
weg. Wie viele sind
es dann?

$$\underline{\quad} - \underline{\quad} = \underline{\quad}$$

Zahlen subtrahieren
Rechengeschichten

Lösung 36 Für jede richtige Aufgabe gibt es 1 Punkt.

3 Kinder stehen auf.
Wie viele bleiben sitzen?
$8 - 3 = 5$

4 Spinnen krabbeln weg.
Wie viele sind noch da?
$10 - 4 = 6$

Leo verliert einen Schuh.
Wie viele sind es noch?
$12 - 1 = 11$

Tim nimmt 5 Bonbons weg.
Wie viele sind es dann?
$13 - 5 = 8$

Üben  37 Schreibe die Minusaufgaben und rechne.

11 .... – .... = ...   oder   11 .... – .... = ...

.... – .... = ...   oder   .... – .... = ...

.... – .... = ...   oder   .... – .... = ...

Zahlen subtrahieren
Minusaufgaben schreiben

Lösung **37** Für jede richtige Aufgabe gibt es 1 Punkt.

11 − 3 = 8   oder   11 − 8 = 3

6 − 1 = 5   oder   6 − 5 = 1

15 − 4 = 11   oder   15 − 11 = 4

Üben **37** ___ Punkte

Üben ③⑧ Schreibe die passende Umkehraufgabe (U) und rechne.

11 + 5 = 16
U: 16 − 5 = 11

14 + 6 = 20
U: 20 − ...... = ...

10 + 9 = ...
U: ...... − ...... = ...

4 + 6 = ...
U: ...... ◯ ...... = ...

8 + 7 = ...
U: ...... ◯ ...... = ...

16 + 4 = ...
U: ...... ◯ ...... = ...

12 − 7 = ...
U: ...... + ... = ...

11 − 9 = ...
U: ...... ◯ ...... = ...

19 − 6 = ...
U: ...... ◯ ...... = ...

14 − 10 = ...
U: ...... ◯ ...... = ...

Zahlen addieren und subtrahieren
Umkehraufgaben

Umkehraufgaben

Lösung 38 Für jedes richtige Aufgabenfeld gibt es
1 Punkt.

$11 + 5 = 16$
U: $16 - 5 = 11$

$14 + 6 = 20$
U: $20 - 6 = 14$

$10 + 9 = 19$
U: $19 - 9 = 10$

$4 + 6 = 10$
U: $10 - 6 = 4$

$8 + 7 = 15$
U: $15 - 7 = 8$

$16 + 4 = 20$
U: $20 - 4 = 16$

$12 - 7 = 5$
U: $5 + 7 = 12$

$11 - 9 = 2$
U: $2 + 9 = 11$

$19 - 6 = 13$
U: $13 + 6 = 19$

$14 - 10 = 4$
U: $4 + 10 = 14$

TIPP

Bei Umkehraufgaben gilt: Aus plus wird minus.
Aus minus wird plus.

Üben 38 ☐ Punkte

Üben ③⑨ Rechne und schreibe die Umkehraufgabe.

$6 + 3 = 9$

$\text{......} - \text{......} = \text{......}$

$12 + 3 = \text{......}$

$9 - 3 = 6$

$7 + 8 = \text{......}$

$\text{......} - \text{......} = \text{......}$

$\text{......} + \text{......} = \text{......}$

$18 - 3 = \text{......}$

$8 + 7 = \text{......}$

$16 - 9 = \text{......}$

$\text{......} + \text{......} = \text{......}$

$\text{......} - \text{......} = \text{......}$

Lösung 39 Für jedes richtige Aufgabenpaar gibt es 1 Punkt.

$6 + 3 = 9$

$15 - 3 = 12$

$12 + 3 = 15$

$9 - 3 = 6$

$7 + 8 = 15$

$15 - 8 = 7$

$7 + 9 = 16$

$18 - 3 = 15$

$8 + 7 = 15$

$16 - 9 = 7$

$15 + 3 = 18$

$15 - 7 = 8$

TIPP

Mit Umkehraufgaben kannst du Ergebnisse überprüfen: $19 - 3 = 16$ $16 + 3 = 19$

Üben ④⓪ Überprüfe dein Ergebnis mit der Probeaufgabe.

Aufgabe	Probeaufgabe
13 + 4 = ...	...... – 4 = 13
7 + 12 = ...	...... – ...... = ...
18 – 6 = ...	...... + ... = ...
13 + 3 = ...	.... = ...
16 – 4 = ...	.... = ...
9 + 11 = ...	.... = ...
17 – 9 = ...	.... = ...
15 + 4 = ...	.... = ...
14 – 8 = ...	.... = ...

Lösung⓵ Für jede richtige Aufgabe gibt es 1 Punkt.

Aufgabe	Probeaufgabe
$13 + 4 = 17$	$17 - 4 = 13$
$7 + 12 = 19$	$19 - 12 = 7$
$18 - 6 = 12$	$12 + 6 = 18$
$13 + 3 = 16$	$16 - 3 = 13$
$16 - 4 = 12$	$12 + 4 = 16$
$9 + 11 = 20$	$20 - 11 = 9$
$17 - 9 = 8$	$8 + 9 = 17$
$15 + 4 = 19$	$19 - 4 = 15$
$14 - 8 = 6$	$6 + 8 = 14$

Üben **41** Schreibe alle Plus- und Minusaufgaben.

$6 + 8 = 14$

$8 + 6 = 14$

$14 - 8 = 6$

$14 - 6 = 8$

Lösung ④ Für jede richtige Aufgabe gibt es 1 Punkt.

$$6 + 8 = 14$$
$$8 + 6 = 14$$
$$14 - 8 = 6$$
$$14 - 6 = 8$$

$$5 + 9 = 14$$
$$9 + 5 = 14$$
$$14 - 9 = 5$$
$$14 - 5 = 9$$

$$11 + 7 = 18$$
$$7 + 11 = 18$$
$$18 - 11 = 7$$
$$18 - 7 = 11$$

TIPP

Es gibt immer 4 Aufgaben.

Denke an die Tausch- und Umkehraufgaben.

Üben 42 Ergänze.

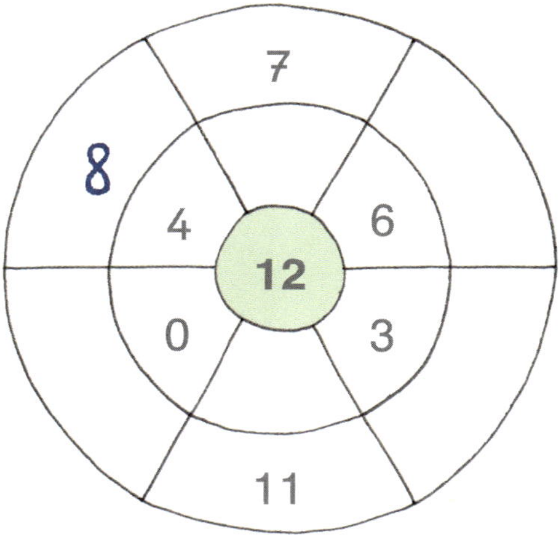

Rechenrad 1 (Mitte: **12**):
- 7
- 8
- 4
- 6
- 0
- 3
- 11

Rechenrad 2 (Mitte: **15**):
- 10
- 5
- **5**
- 12
- 8
- 6
- 1

Lösung 42 **Für jede richtige Zahl gibt es 1 Punkt.**

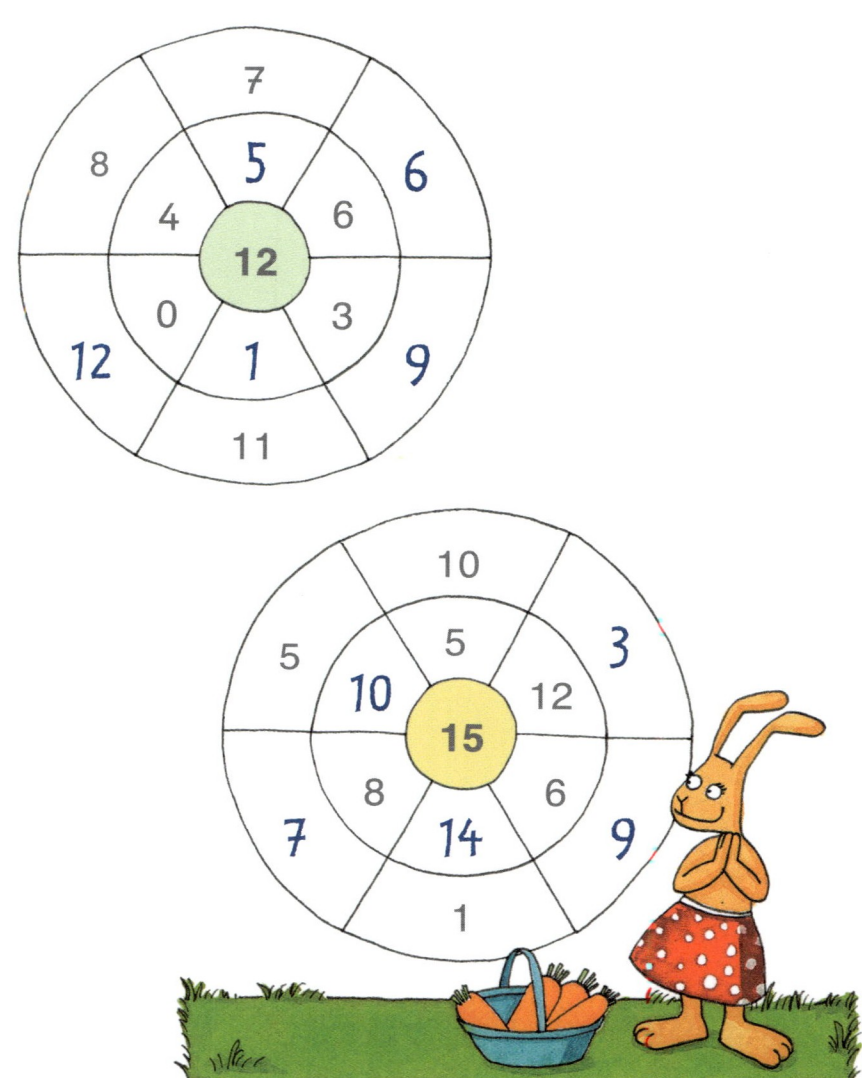

Üben  43 Ergänze.

```
      13
    5    8
  2    3    5
```

```
        [  ]
     [  ]  [  ]
   4    [  ]  [  ]
 3    1    0    6
```

```
        [  ]
     [  ]    8
   7    [  ]  [  ]
 5    2    3    [  ]
```

Lösung 43 Für jede richtige Zahl gibt es 1 Punkt.

Üben 44 Rechne.

5 + ..5.. = 10

6 + ... = 8

4 + ... = 9

7 + ... = 10

9 + ... = 18

...... + 3 = 8

...... + 7 = 14

...... + 5 = 11

...... + 6 = 18

...... + 9 = 19

8 – ...... = 3

12 – ...... = 3

20 – ...... = 12

16 – ...... = 14

20 – ...... = 15

...... – 4 = 4

...... – 6 = 2

...... – 7 = 8

...... – 3 = 9

...... – 5 = 0

Zahlen addieren und subtrahieren

Mit Ergänzungsaufgaben rechnen

Lösung 44 Für jede richtige Aufgabe gibt es 1 Punkt.

$5 + 5 = 10$ $5 + 3 = 8$
$6 + 2 = 8$ $7 + 7 = 14$
$4 + 5 = 9$ $6 + 5 = 11$
$7 + 3 = 10$ $12 + 6 = 18$
$9 + 9 = 18$ $10 + 9 = 19$

$8 - 5 = 3$ $8 - 4 = 4$
$12 - 9 = 3$ $8 - 6 = 2$
$20 - 8 = 12$ $15 - 7 = 8$
$16 - 2 = 14$ $12 - 3 = 9$
$20 - 5 = 15$ $5 - 5 = 0$

+	5	8		4		6
7	12		17			
	14					
3					10	
				10		

−		5	9		0	
16	8			10		13
		15				
18						
	4					

Lösung 45 Für jede richtige Zeile gibt es 2 Punkte.

+	5	8	10	4	7	6
7	12	15	17	11	14	13
9	14	17	19	13	16	15
3	8	1	13	7	10	9
6	11	14	16	10	13	12

−	8	5	9	6	0	3
16	8	11	7	10	16	13
20	12	15	11	14	20	17
18	10	1	9	12	18	15
12	4	7	3	6	12	9

Üben 45 ___ Punkte

Üben ㊻ In jedem Rechendreieck stecken
drei Aufgaben. Schreibe und rechne.

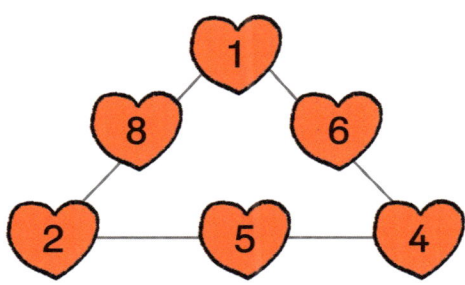

.1. + .6. + .4. = ...

..... + ... + ... = ...

..... + ... + ... = ...

.... = ...

.... = ...

.... = ...

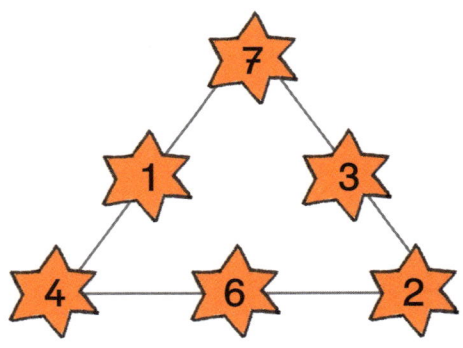

.... = ...

.... = ...

.... = ...

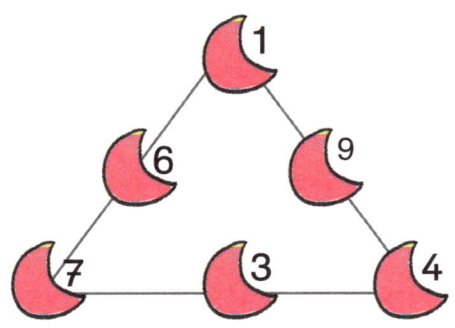

Lösung 46 Für jedes richtige Rechendreieck gibt es 2 Punkte.

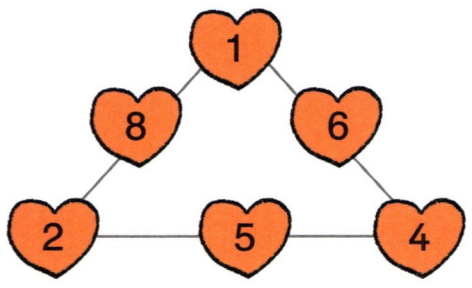

$1 + 6 + 4 = 11$
$2 + 5 + 4 = 11$
$2 + 8 + 1 = 11$

$7 + 3 + 2 = 12$
$4 + 6 + 2 = 12$
$4 + 1 + 7 = 12$

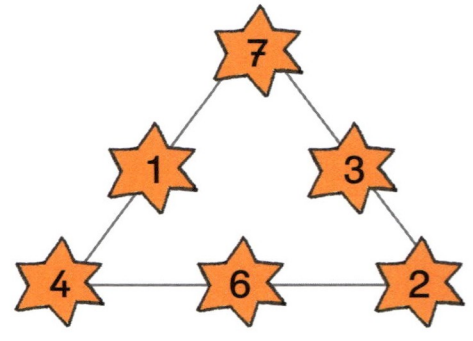

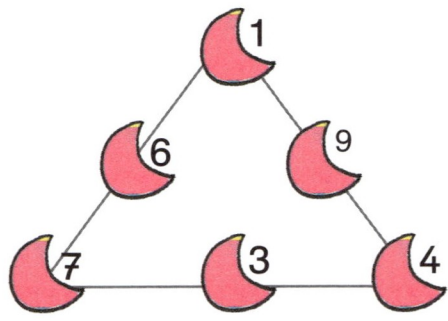

$1 + 9 + 4 = 14$
$7 + 3 + 4 = 14$
$7 + 6 + 1 = 14$

Üben 46 ☐ Punkte

Üben 47 Rechne im Kopf und trage die fehlenden Zahlen ein.

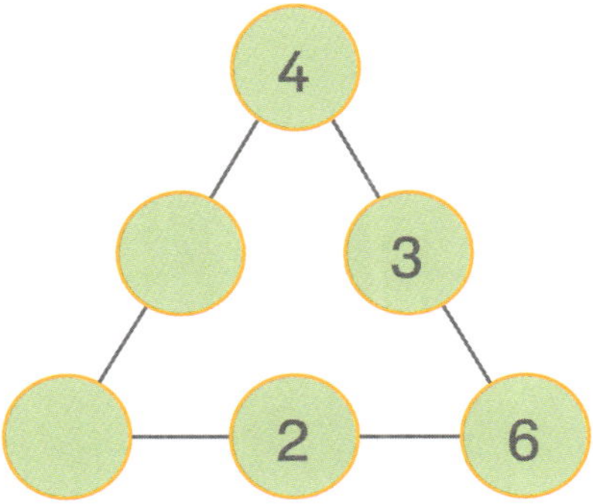

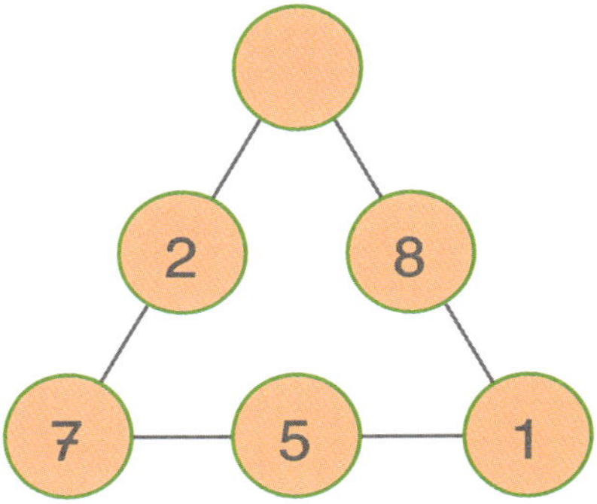

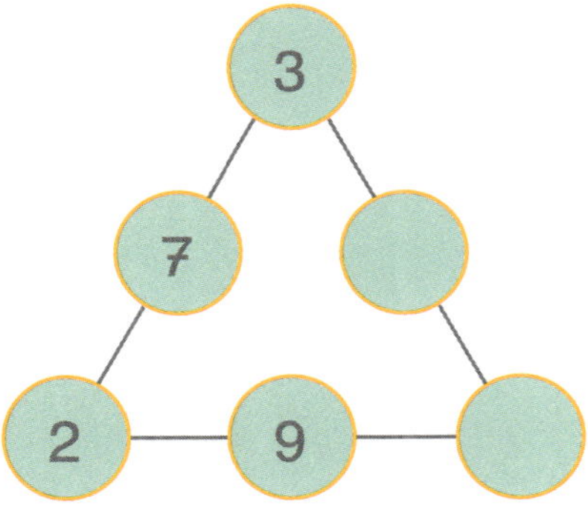

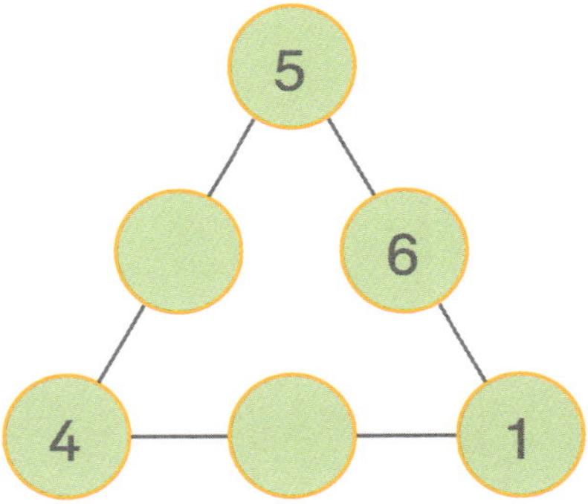

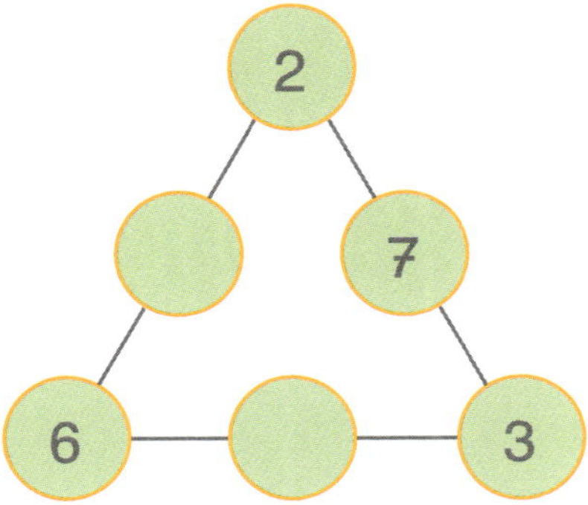

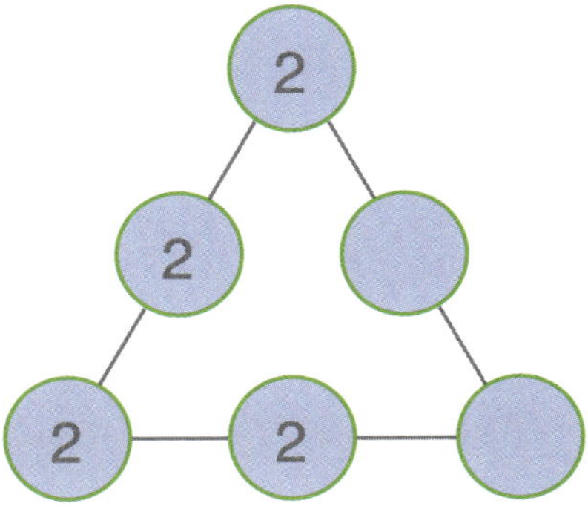

Dreieck 1 (oben links): 4, 3, (leer), 2, 6

Dreieck 2 (oben rechts): (leer), 2, 8, 7, 5, 1

Dreieck 3 (mitte links): 3, 7, (leer), 2, 9, (leer)

Dreieck 4 (mitte rechts): 5, (leer), 6, 4, (leer), 1

Dreieck 5 (unten links): 2, (leer), 7, 6, (leer), 3

Dreieck 6 (unten rechts): 2, 2, (leer), 2, 2, (leer)

Zahlen addieren und subtrahieren
Rechendreiecke

Lösung **47** Für jedes richtige Rechendreieck gibt es 2 Punkte.

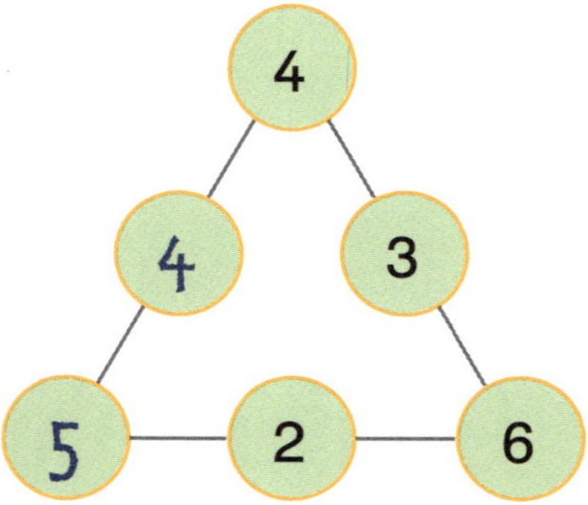

```
        4
      4   3
    5   2   6
```

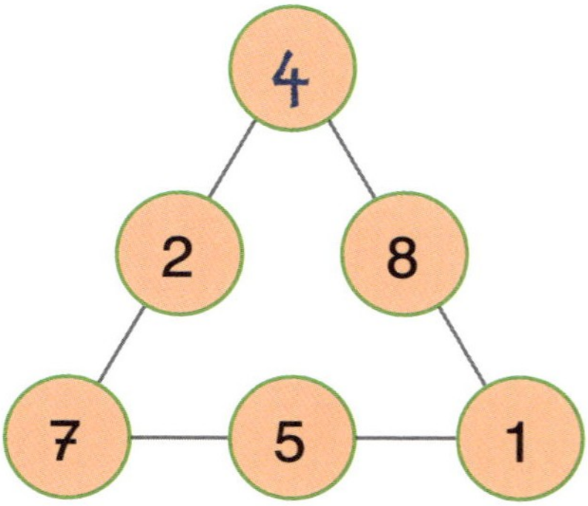

```
          4
        2   8
      7   5   1
```

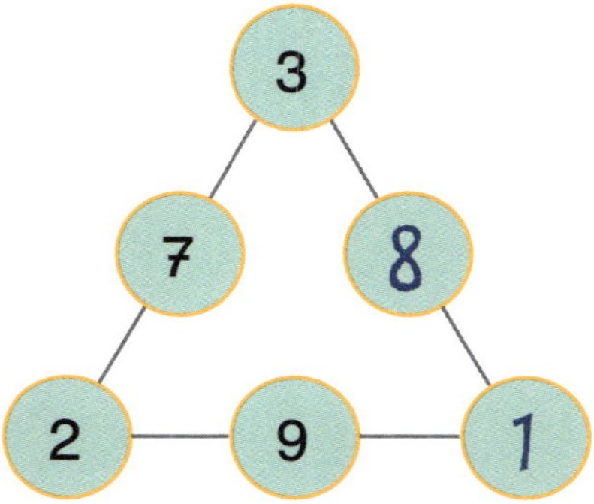

```
        3
      7   8
    2   9   1
```

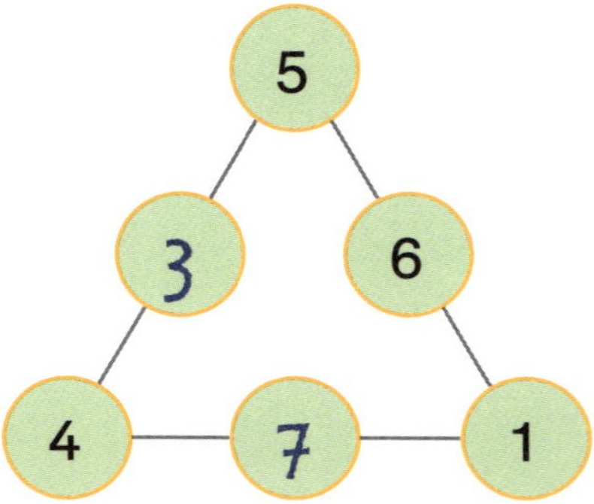

```
        5
      3   6
    4   7   1
```

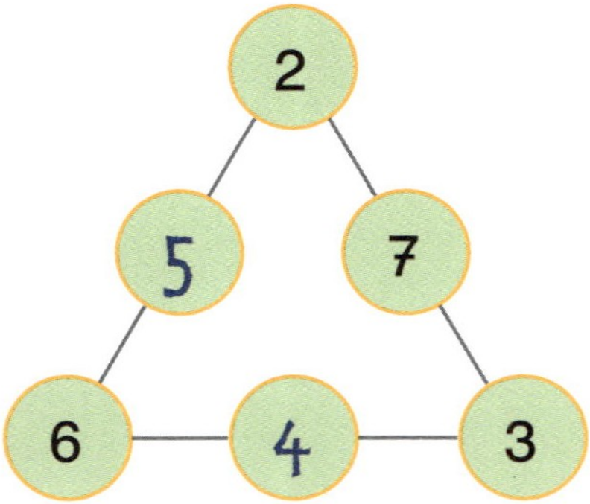

```
        2
      5   7
    6   4   3
```

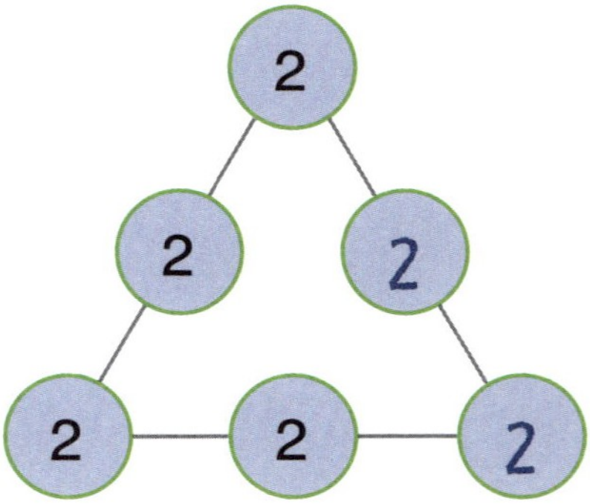

```
        2
      2   2
    2   2   2
```

Üben 48 Trage das Ergebnis richtig ein
(Zehner = Z, Einer = E).

	Z	E
18 − 4 =	1	4

	Z	E
17 − 10 =		7

	Z	E
20 − 8 =		

	Z	E
15 − 9 =		

	Z	E
16 + 2 =		

	Z	E
14 − 12 =		

	Z	E
9 + 6 =		

	Z	E
4 + 4 =		

	Z	E
18 + 2 =		

	Z	E
17 − 12 =		

	Z	E
10 + 10 =		

	Z	E
14 + 5 =		

	Z	E
13 + 2 =		

	Z	E
17 − 2 =		

	Z	E
20 − 10 =		

	Z	E
4 + 15 =		

Zahlen addieren und subtrahieren
Zehner und Einer

Lösung **48** Für jede richtige Aufgabe gibt es 1 Punkt.

	Z	E
$18 - 4 =$	1	4

	Z	E
$17 - 10 =$		7

	Z	E
$20 - 8 =$	1	2

	Z	E
$15 - 9 =$		6

	Z	E
$16 + 2 =$	1	8

	Z	E
$14 - 12 =$		2

	Z	E
$9 + 6 =$	1	5

	Z	E
$4 + 4 =$		8

	Z	E
$18 + 2 =$	2	0

	Z	E
$17 - 12 =$		5

	Z	E
$10 + 10 =$	2	0

	Z	E
$14 + 5 =$	1	9

	Z	E
$13 + 2 =$	1	5

	Z	E
$17 - 2 =$	1	5

	Z	E
$20 - 10 =$	1	0

	Z	E
$4 + 15 =$	1	9

Üben **48** ☐ Punkte

Üben 49 Ergänze.

+2	5		7		9	

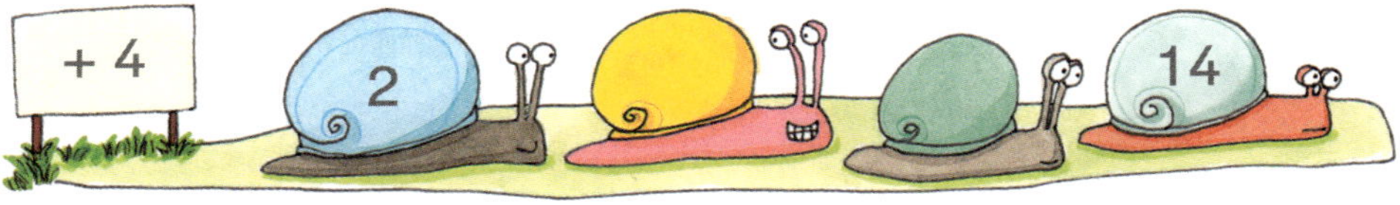

+4	2						14

−3	19			

−2	14				

	0		3		6	

	20		16			

Lösung ㊾ Für jede richtige Zeile gibt es 2 Punkte.

+ 2	5	7	9	11
+ 4	2	6	10	14
− 3	19	16	13	10
− 2	14	12	10	8
+ 3	0	3	6	9
− 4	20	16	12	8

TIPP

Rechne immer zuerst den Unterschied aus.

5, 7, 9 …

$5 + 2 = 7$

$7 + 2 = 9$

Unterschied (Regel): + 2

Üben ㊾ ⬚ Punkte

Üben 50 Trage ein.

2		
	5	
4		8

Zauberzahl: 15

10		
		11
		2

Zauberzahl: 18

5	0	
	4	
	8	

Zauberzahl:

Zahlen addieren und subtrahieren
Zauberquadrate

Lösung 50 Für jede richtige Zahl gibt es 1 Punkt.

2	7	6
9	5	1
4	3	8

Zauberzahl:

15

10	3	5
1	6	11
7	9	2

Zauberzahl:

18

5	0	7
6	4	2
1	8	3

Zauberzahl:

12

Üben 51 Wie viele Aufgaben schaffst du in 3 Minuten?

$8 + 5 = 13$ $17 + \ldots = 17$ $11 - 6 = \ldots$

$7 + \ldots = 13$ $16 - \ldots = 8$ $18 - 4 = \ldots$

$20 - 9 = \ldots$ $14 - \ldots = 3$ $5 + \ldots = 13$

$17 + \ldots = 20$ $\ldots - 5 = 13$ $4 + 13 = \ldots$

$18 - 6 = \ldots$ $\ldots + 6 = 19$ $17 - \ldots = 7$

$\ldots - 3 = 9$ $7 + 8 = \ldots$ $\ldots - 10 = 3$

$15 - \ldots = 6$ $10 - \ldots = 5$ $\ldots + 7 = 13$

$2 + 13 = \ldots$ $14 + \ldots = 19$ $12 - \ldots = 4$

$16 - 9 = \ldots$ $9 + \ldots = 20$ $5 + 12 = \ldots$

$18 - \ldots = 4$ $9 - \ldots = 0$ $15 - 8 = \ldots$

Zahlen addieren und subtrahieren
Schnell rechnen

Lösung ⑤ Für jede richtige Aufgabe gibt es 1 Punkt.

8 + 5 = 13	17 + 0 = 17	11 − 6 = 5
7 + 6 = 13	16 − 8 = 8	18 − 4 = 14
20 − 9 = 11	14 − 11 = 3	5 + 8 = 13
17 + 3 = 20	18 − 5 = 13	4 + 13 = 17
18 − 6 = 12	13 + 6 = 19	17 − 10 = 7
12 − 3 = 9	7 + 8 = 15	13 − 10 = 3
15 − 9 = 6	10 − 5 = 5	6 + 7 = 13
2 + 13 = 15	14 + 5 = 19	12 − 8 = 4
16 − 9 = 7	9 + 11 = 20	5 + 12 = 17
18 − 14 = 4	9 − 9 = 0	15 − 8 = 7

TIPP

Schau genau: plus oder minus?

Üben ⑤ ☐ Punkte

Üben 52 Trage ein, ob du plus (+) oder minus (−) rechnen musst.

um 5 größer als: +

verdoppeln:

6 weniger:

8 dazugeben:

9 abziehen:

12 wegnehmen:

um 10 kleiner als:

7 und 5 zusammenzählen:

Nachfolger:

Vorgänger:

dazustellen:

Lösung 52 Für jede richtige Antwort gibt es 1 Punkt.

um 5 größer als: +

verdoppeln: +

6 weniger: −

8 dazugeben: +

9 abziehen: −

12 wegnehmen: −

um 10 kleiner als: −

7 und 5 zusammenzählen: +

Nachfolger: +

Vorgänger: −

dazustellen: +

Üben 52 ☐ Punkte

Üben 53 Lies und löse die Zahlenrätsel.

Welche Zahl ist um 3 kleiner als 14?

$1\ 4\ -\ 3\ =\ 1\ 1$

Die Zahl heißt: ..11..............................

19 ist um 10 größer als die gesuchte Zahl.

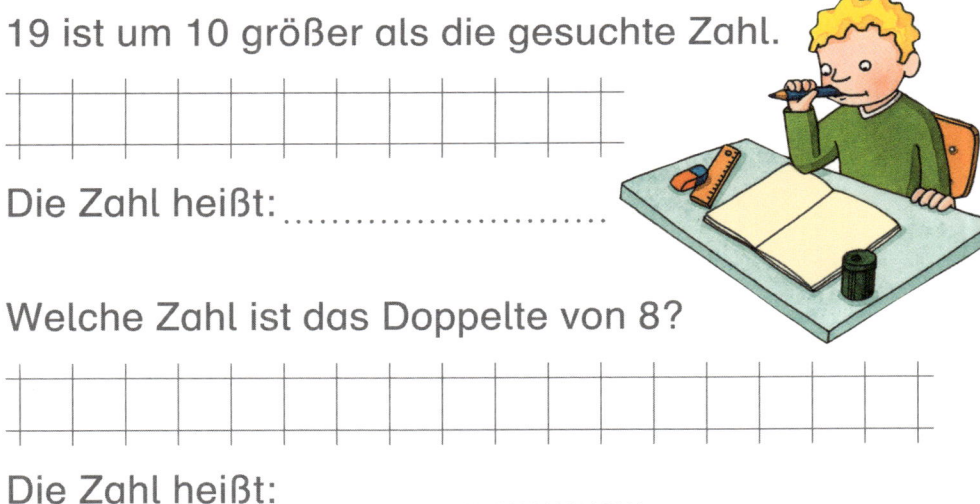

Die Zahl heißt: ....

Welche Zahl ist das Doppelte von 8?

Die Zahl heißt: ....

Die gesuchte Zahl ist in der Mitte zwischen 2 und 8.

Die Zahl heißt: ....

Lösung 53 Für jede richtige Antwort gibt es 1 Punkt.

Welche Zahl ist um 3 kleiner als 14?

$14 - 3 = 11$

Die Zahl heißt: 11

19 ist um 10 größer als die gesuchte Zahl.

$19 - 10 = 9$

Die Zahl heißt: 9

Welche Zahl ist das Doppelte von 8?

$8 + 8 = 16$

Die Zahl heißt: 16

Die gesuchte Zahl ist in der Mitte zwischen
2 und 8.

2 3 4 5 6 7 8

Die Zahl heißt: 5

Üben **54** Lies und rechne.

Marie pustet 5 Kerzen aus.

Frage: Wie viele Kerzen brennen noch?

Rechnung:

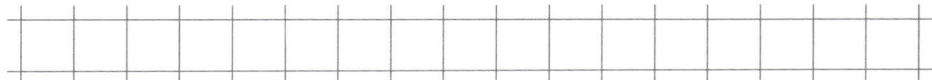

Antwort: Es brennen noch .... Kerzen.

Lisa und Alex sind zusammen
16 Jahre alt.

Frage: Wie alt ist Lisa?

Rechnung:

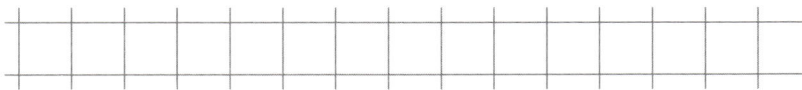

Antwort: Lisa ist .... Jahre alt.

Zahlen addieren und subtrahieren
Rechengeschichten

Lösung 54 Für jede richtige Antwort gibt es 1 Punkt.

Marie pustet 5 Kerzen aus.

Frage: Wie viele Kerzen brennen noch?

Rechnung: $8 - 5 = 3$

Antwort: Es brennen noch 3 Kerzen.

Lisa und Alex sind zusammen 16 Jahre alt.

Frage: Wie alt ist Lisa?

Rechnung: $16 - 7 = 9$

Antwort: Lisa ist 9 Jahre alt.

Üben  55 Verbinde die Zahlen. Beginne bei 1.

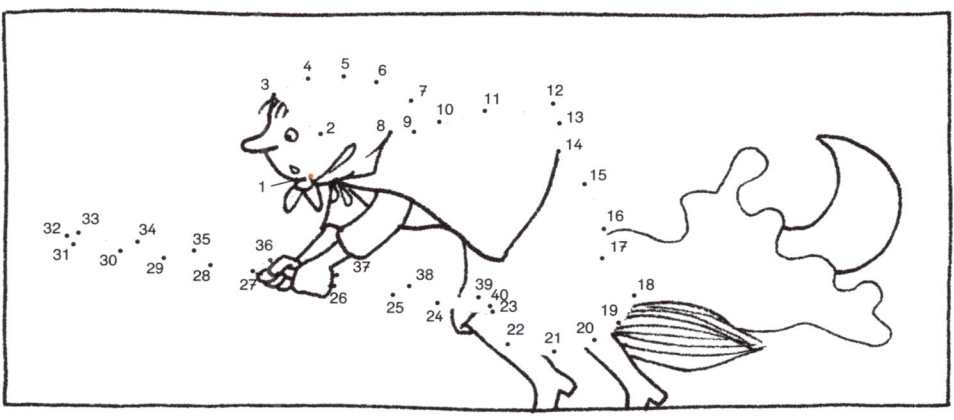

Lösung 55 Für das richtige Bild gibt es 4 Punkte.

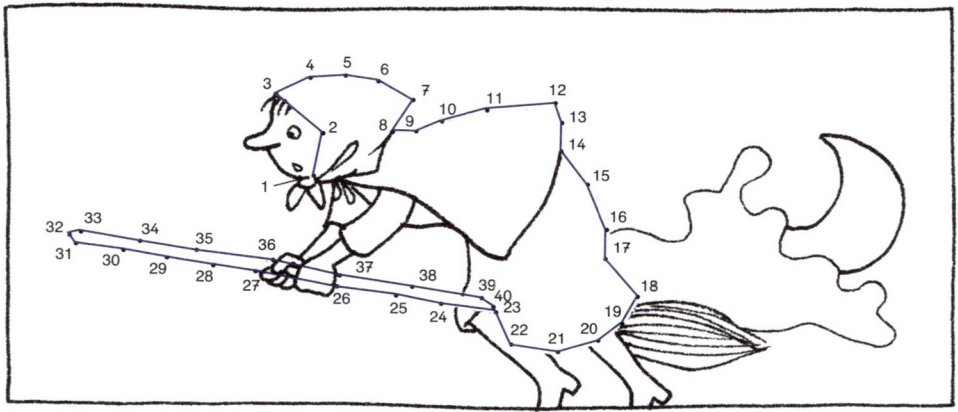

Üben  56 Bilde aus den Ziffern alle möglichen zweistelligen Zahlen und schreibe sie auf.

40, 49,

....

....

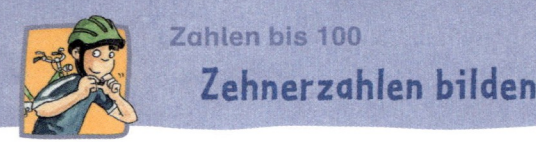
Lösung 56 **Für jede Zahl gibt es 1 Punkt.**

40, 49, 46, 47, 60, 64, 67, 69,
70, 74, 76, 79, 90, 94, 96, 97

Üben 57 Ordne die Zahlen der Größe nach.
Beginne mit der kleinsten.

10 98   29 ~~100~~

22 73   11 99   88 61

17 50   ~~1~~ 37

59 46   43 9   4 78

1, ...

.... 100

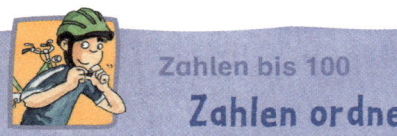

Zahlen bis 100
Zahlen ordnen

Zahlen ordnen

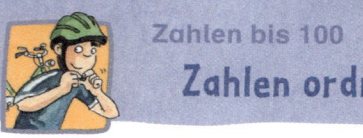

Lösung 57 Für die richtige Reihenfolge gibt es 3 Punkte.

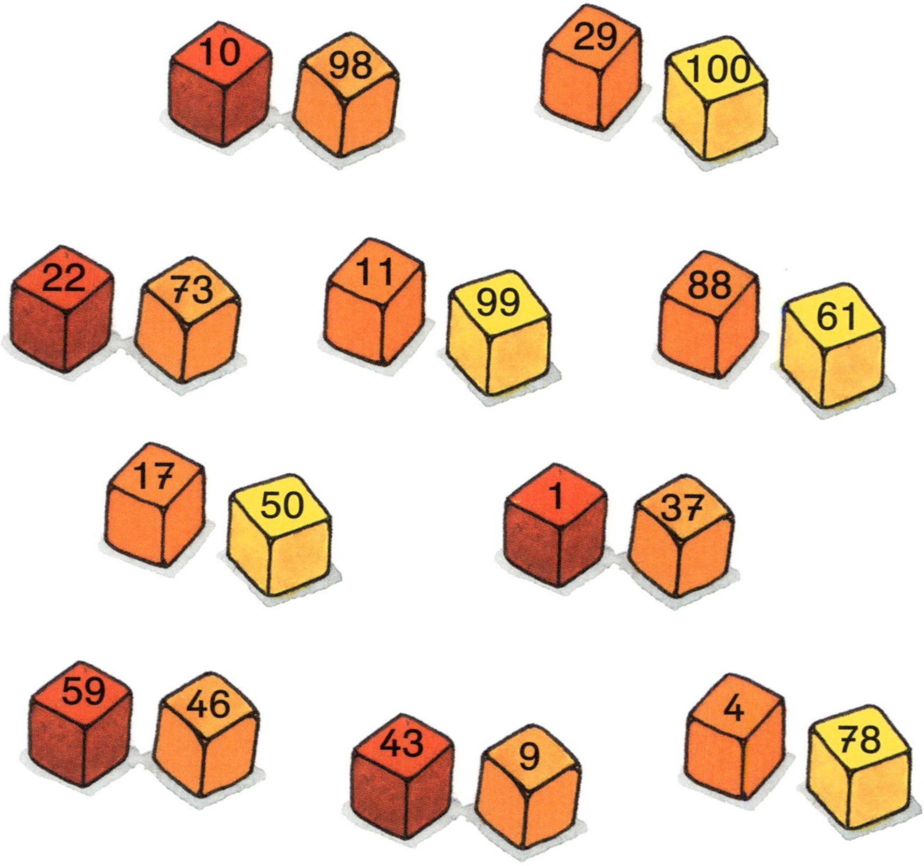
10
98
29
100
22
73
11
99
88
61
17
50
1
37
59
46
43
9
4
78

1, 4, 9, 10, 11, 17, 22, 29, 37, 43, 46, 50, 59, 61, 73, 78, 88, 98, 99, 100

Üben 57 ☐ **Punkte**

Üben 58 Vergleiche und setze ein: <, = oder >.

65   <   78   66   65

99   19   45   56

47   74   11   21

37   78   19   83

40   80   82   26

55   44   22   22

21   12   66   67

9   90   37   43

29   72   49   94

88   77   61   13

100   10   51   18

Zahlen bis 100
Zahlen vergleichen

Lösung 58 Für jede richtige Aufgabe gibt es 1 Punkt.

65	<	78		66	>	65
99	>	19		45	<	56
47	<	74		11	<	21
37	<	78		19	<	83
40	<	80		82	>	26
55	>	44		22	=	22
21	>	12		66	<	67
9	<	90		37	<	43
29	<	72		49	<	94
88	>	77		61	>	13
100	>	10		51	>	18

Üben 59 Fülle die Tabelle aus.

Vorgänger		Nachfolger
	17	
	98	
		77
11		
	22	
54		
		69
	70	
34		
80		
		100
	77	
	41	
		40

Lösung 59 Für jede richtige Reihe gibt es 1 Punkt.

Vorgänger		Nachfolger
16	17	18
97	98	99
75	76	77
11	12	13
21	22	23
54	55	56
67	68	69
69	70	71
34	35	36
80	81	82
98	99	100
76	77	78
40	41	42
38	39	40

Üben ⑥⓪ Welche Aufgaben gehören zusammen?

Male in der gleichen Farbe an und rechne.

4 + 5 = ..9..

6 + 3 = ...

80 + 10 = ...

1 + 4 = ...

60 + 30 = ...

20 + 50 = ...

30 + 40 = ...

90 + 10 = ...

3 + 4 = ...

2 + 5 = ...

10 + 40 = ...

8 + 1 = ...

9 + 1 = ...

40 + 50 = 90

Mit Zehnerzahlen rechnen

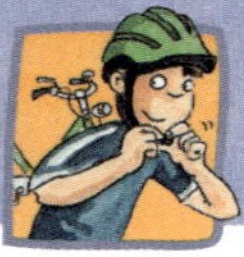

Lösung 60 Für jedes richtige Pärchen gibt es 1 Punkt.

4 + 5 = 9

6 + 3 = 9

80 + 10 = 90

1 + 4 = 5

60 + 30 = 90

20 + 50 = 70

30 + 40 = 70

90 + 10 = 100

3 + 4 = 7

2 + 5 = 7

10 + 40 = 50

8 + 1 = 9

9 + 1 = 10

40 + 50 = 90

Trage hier ein, wie viele Punkte du bei den Übungen erreicht hast und ob die Aufgaben für dich leicht 😃 oder schwer 🙁 waren. Lass dir beim Ausrechnen der Gesamtpunktzahl helfen.

	Zahlen bis 10	Punktzahl	Erreichbare Punktzahl	😃	🙁
Üben 1			10		
Üben 2			5		
Üben 3			5		
Üben 4			7		
Üben 5			3		
Üben 6			2		
Üben 7			9		
Gesamtpunktzahl			41		

	Zahlen bis 20	Punktzahl	Erreichbare Punktzahl	😃	🙁
Üben 8			16		
Üben 9			5		
Üben 10			5		
Üben 11			7		
Üben 12			12		
Gesamtpunktzahl			45		

Trainingsergebnisse

Trainingsergebnisse

Zahlen addieren	Punktzahl	Erreichbare Punktzahl	🙂	🙁
Üben 13		7		
Üben 14		5		
Üben 15		14		
Üben 16		4		
Üben 17		17		
Üben 18		5		
Üben 19		7		
Üben 20		9		
Üben 21		10		
Üben 22		12		
Üben 23		9		
Üben 24		4		
Üben 25		29		
Üben 26		3		
Gesamtpunktzahl		135		

Zahlen subtrahieren	Punktzahl	Erreichbare Punktzahl		
Üben 27		9		
Üben 28		9		
Üben 29		8		
Üben 30		10		
Üben 31		18		
Üben 32		9		
Üben 33		7		
Üben 34		12		
Üben 35		29		
Üben 36		3		
Üben 37		6		
Gesamtpunktzahl		120		

Trainingsergebnisse

Trainingsergebnisse

Zahlen addieren und subtrahieren	Punktzahl	Erreichbare Punktzahl	😊	😞
Üben 38		9		
Üben 39		5		
Üben 40		9		
Üben 41		8		
Üben 42		10		
Üben 43		10		
Üben 44		19		
Üben 45		20		
Üben 46		6		
Üben 47		12		
Üben 48		14		
Üben 49		12		
Üben 50		17		
Üben 51		29		
Üben 52		10		
Üben 53		3		
Üben 54		2		
Gesamtpunktzahl		195		

Zahlen bis 100	Punktzahl	Erreichbare Punktzahl	🙂	🙁
Üben 55		4		
Üben 56		14		
Üben 57		3		
Üben 58		21		
Üben 59		14		
Üben 60		6		
Gesamtpunktzahl		62		

Endergebnis: .... von 598 erreichbaren Punkten.

Trainingsergebnisse

Trainingsergebnisse

bis 195 Punkte: Prima, dass du alle Aufgaben bearbeitet und so fleißig trainiert hast! Du solltest jetzt noch weiter üben, um sicherer im Rechnen mit Plus und Minus zu werden. Das Buch „Wissen – Üben – Testen: Deutsch · Mathematik 1. Klasse" kann dir dabei helfen. Dort findest du viele weitere Übungen.

196 bis 395 Punkte: Du hast vieles richtig gemacht und toll durchgehalten! Wenn du weiter regelmäßig trainierst, kannst du zu einem richtigen Rechenprofi werden. Dazu solltest du dir die Aufgaben nochmals genau ansehen, bei denen du in den Trainingsergebnissen dieses Zeichen angekreuzt hast: ☹.

396 bis 598 Punkte: Herzlichen Glückwunsch! Du bist fit im Rechnen mit Plus und Minus! Nun ist es wichtig, dass du durch regelmäßiges Training deine gute Form hältst. Suche dir für die Freiarbeit in der Schule oder zum Üben zu Hause immer wieder Aufgaben zu den Grundrechenarten aus.

Streng geheim!

Jede Zahl von 1 (A) bis 26 (Z) steht für die
Reihenfolge der Buchstaben im Alphabet.
Fülle die leeren Kästchen aus.

A	B	C	D	E		G	
1	2				6		

5

H	I			L		
			12			

9

O						
	17					

16

		X	Y	Z
		24		26

Streng geheim!

Schreibe deinen Vornamen als Zahlencode.

_____

Schreibe als Zahlencode.

— — — — — — — —

— — — —

— — — — —

— — — — —

Wie lautet der folgende Satz?

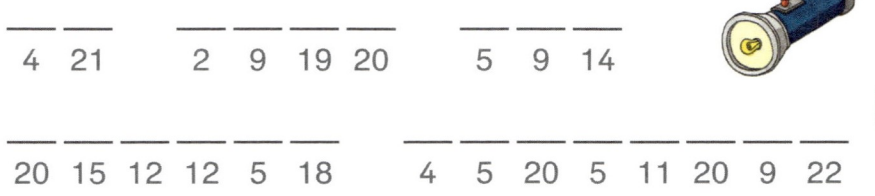

— —   — — — —   — — —
4 21   2 9 19 20   5 9 14

                                                                             !

— — — — — —   — — — — — — — —
20 15 12 12 5 18   4 5 20 5 11 20 9 22

Psst! Die Lösungen findest du vorne auf dem Innenumschlag.